DÉCLA
UNIVE
DES D
DE L'H

Publications des Nations Unies
N° de vente : GV.F.08.0.2

Directeur : Frédérique de Buron
Direction éditoriale : Brigitte Leblanc,
assistée de Caroline Noudelmann et Vincent Etienne
Direction artistique : Maryvonne Denizet
Fabrication : Virginie Vassart-Cugini

ISBN : 978-2-01-393011-6
Dépôt légal octobre 2008 - édition 01.
Loi n° 49-956 du 16 juillet 1949 sur les publications destinées à la jeunesse.
Imprimé par Deaprinting en Italie.

DÉCLARATION UNIVERSELLE DES DROITS DE L'HOMME

Illustrations d'Éric Puybaret

UNITED NATIONS

Gautier • Languereau

Il est difficile aujourd'hui d'imaginer le changement fondamental
que la Déclaration universelle des droits de l'homme a représenté
lorsqu'elle a été adoptée il y a 60 ans de cela.
Dans un monde d'après-guerre marqué par l'Holocauste,
divisé par le colonialisme et ravagé par les inégalités,
une charte énonçant solennellement le premier engagement mondial
en faveur de la dignité et de l'égalité inhérentes à tous les êtres humains,
quelles que soient leur couleur, leurs croyances ou leur origine,
constituait une entreprise audacieuse et téméraire
dont le succès était loin d'être assuré.
Le fait que cette Déclaration ait entraîné l'édification
d'une vaste infrastructure de protection de l'ensemble
des libertés fondamentales auxquelles nous avons droit
est un hommage à la vision des auteurs de la Déclaration
et aux nombreux défenseurs des droits de l'homme qui,
ces six dernières décennies, ont mené le combat pour faire
de cette vision une réalité. Cette lutte est loin d'être terminée,
et c'est là que réside la force de la Déclaration :
c'est un document vivant qui continuera d'inspirer les générations futures.

Louise Arbour
Haut Commissaire aux droits de l'homme

PRÉAMBULE

Considérant que la reconnaissance de la dignité inhérente à tous les membres de la famille humaine et de leurs droits égaux et inaliénables constitue le fondement de la liberté, de la justice et de la paix dans le monde,

Considérant que la méconnaissance et le mépris des droits de l'homme ont conduit à des actes de barbarie qui révoltent la conscience de l'humanité et que l'avènement d'un monde où les êtres humains seront libres de parler et de croire, libérés de la terreur et de la misère, a été proclamé comme la plus haute aspiration de l'homme,

Considérant qu'il est essentiel que les droits de l'homme soient protégés par un régime de droit pour que l'homme ne soit pas contraint, en suprême recours, à la révolte contre la tyrannie et l'oppression,

Considéant qu'il est essentiel d'encourager le développement de relations amicales entre nations,

Considérant que dans la Charte les peuples des Nations Unies ont proclamé à nouveau leur foi dans les droits fondamentaux de l'homme, dans la dignité et la valeur de la personne humaine, dans l'égalité des droits des hommes et des femmes, et qu'ils se sont déclarés résolus à favoriser le progrès social et à instaurer de meilleures conditions de vie dans une liberté plus grande,

Considérant que les États Membres se sont engagés à assurer, en coopération avec l'Organisation des Nations Unies, le respect universel et effectif des droits de l'homme et des libertés fondamentales,

Considérant qu'une conception commune de ces droits et libertés est de la plus haute importance pour remplir pleinement cet engagement,

L'Assemblée générale proclame la présente

DÉCLARATION UNIVERSELLE DES DROITS DE L'HOMME

comme l'idéal commun à atteindre par tous les peuples et toutes les nations afin que tous les individus et tous les organes de la société, ayant cette Déclaration constamment à l'esprit, s'efforcent, par l'enseignement et l'éducation, de développer le respect de ces droits et libertés et d'en assurer, par des mesures progressives d'ordre national et international, la reconnaissance et l'application universelles et effectives, tant parmi les populations des États Membres eux-mêmes que parmi celles des territoires placés sous leur juridiction.

ARTICLE 1

Tous les êtres humains naissent libres
et égaux en dignité et en droits.
Ils sont doués de raison et de conscience
et doivent agir les uns envers les autres
dans un esprit de fraternité.

ARTICLE 2

Chacun peut se prévaloir de tous les droits
et de toutes les libertés proclamés dans la présente
Déclaration, sans distinction aucune, notamment
de race, de couleur, de sexe, de langue, de religion,
d'opinion politique ou de toute autre opinion,
d'origine nationale ou sociale, de fortune,
de naissance ou de toute autre situation.

De plus, il ne sera fait aucune distinction fondée
sur le statut politique, juridique ou international
du pays ou du territoire dont une personne
est ressortissante, que ce pays ou territoire
soit indépendant, sous tutelle, non autonome
ou soumis à une limitation quelconque de souveraineté.

ARTICLE

3

Tout individu a droit à la vie,
à la liberté et à la sûreté
de sa personne.

4

Nul ne sera tenu en esclavage
ni en servitude ; l'esclavage
et la traite des esclaves
sont interdits sous toutes leurs formes.

ARTICLE 5

Nul ne sera soumis à la torture,
ni à des peines ou traitements cruels,
inhumains ou dégradants.

ARTICLE

6

Chacun a le droit à la reconnaissance en tous lieux
de sa personnalité juridique.

7

Tous sont égaux devant la loi et ont droit
sans distinction à une égale protection de la loi.
Tous ont droit à une protection égale
contre toute discrimination qui violerait
la présente Déclaration et contre toute provocation
à une telle discrimination.

8

Toute personne a droit à un recours effectif devant
les juridictions nationales compétentes
contre les actes violant les droits fondamentaux
qui lui sont reconnus par la constitution ou par la loi.

ARTICLE 9

Nul ne peut être arbitrairement arrêté, détenu ni exilé.

ARTICLE

10

Toute personne a droit, en pleine égalité, à ce que sa cause soit entendue équitablement et publiquement par un tribunal indépendant et impartial, qui décidera, soit de ses droits et obligations, soit du bien-fondé de toute accusation en matière pénale dirigée contre elle.

11

1. Toute personne accusée d'un acte délictueux est présumée innocente jusqu'à ce que sa culpabilité ait été légalement établie au cours d'un procès public où toutes les garanties nécessaires à sa défense lui auront été assurées.
2. Nul ne sera condamné pour des actions ou omissions qui, au moment où elles ont été commises, ne constituaient pas un acte délictueux d'après le droit national ou international. De même, il ne sera infligé aucune peine plus forte que celle qui était applicable au moment où l'acte délictueux a été commis.

12

Nul ne sera l'objet d'immixtions arbitraires dans sa vie privée, sa famille, son domicile ou sa correspondance, ni d'atteintes à son honneur et à sa réputation. Toute personne a droit à la protection de la loi contre de telles immixtions ou de telles atteintes.

ARTICLE 13

1. Toute personne a le droit de circuler librement et de choisir sa résidence à l'intérieur d'un État.
2. Toute personne a le droit de quitter tout pays, y compris le sien, et de revenir dans son pays.

N
NO
NE
O
E

ARTICLE

14

1. Devant la persécution, toute personne a le droit de chercher asile et de bénéficier de l'asile en d'autres pays.
2. Ce droit ne peut être invoqué dans le cas de poursuites réellement fondées sur un crime de droit commun ou sur des agissements contraires aux buts et aux principes des Nations Unies.

15

1. Tout individu a droit à une nationalité.
2. Nul ne peut être arbitrairement privé de sa nationalité, ni du droit de changer de nationalité.

ARTICLE

16

1. À partir de l'âge nubile, l'homme et la femme, sans aucune restriction quant à la race, la nationalité ou la religion, ont le droit de se marier et de fonder une famille. Ils ont des droits égaux au regard du mariage, durant le mariage et lors de sa dissolution.
2. Le mariage ne peut être conclu qu'avec le libre et plein consentement des futurs époux.
3. La famille est l'élément naturel et fondamental de la société et a droit à la protection de la société et de l'État.

17

1. Toute personne, aussi bien seule qu'en collectivité, a droit à la propriété.
2. Nul ne peut être arbitrairement privé de sa propriété.

ARTICLE 18

Toute personne a droit à la liberté de pensée,
de conscience et de religion ; ce droit implique
la liberté de changer de religion ou de conviction
ainsi que la liberté de manifester sa religion
ou sa conviction, seule ou en commun,
tant en public qu'en privé, par l'enseignement,
les pratiques, le culte et l'accomplissement des rites.

ARTICLE 19

Tout individu a droit à la liberté d'opinion
et d'expression, ce qui implique le droit
de ne pas être inquiété pour ses opinions
et celui de chercher, de recevoir et de répandre,
sans considérations de frontières,
les informations et les idées par quelque moyen
d'expression que ce soit.

YES NO!
OUI
DA
YA
NON
SI
ON
OFF

ARTICLE

20

1. Toute personne a droit à la liberté de réunion et d'association pacifiques.
2. Nul ne peut être obligé de faire partie d'une association.

21

1. Toute personne a le droit de prendre part à la direction des affaires publiques de son pays, soit directement, soit par l'intermédiaire de représentants librement choisis.
2. Toute personne a droit à accéder, dans des conditions d'égalité, aux fonctions publiques de son pays.
3. La volonté du peuple est le fondement de l'autorité des pouvoirs publics ; cette volonté doit s'exprimer par des élections honnêtes qui doivent avoir lieu périodiquement, au suffrage universel égal et au vote secret ou suivant une procédure équivalente assurant la liberté du vote.

22

Toute personne, en tant que membre de la société, a droit à la sécurité sociale ; elle est fondée à obtenir la satisfaction des droits économiques, sociaux et culturels indispensables à sa dignité et au libre développement de sa personnalité, grâce à l'effort national et à la coopération internationale, compte tenu de l'organisation et des ressources de chaque pays.

ARTICLE

23

1. Toute personne a droit au travail, au libre choix de son travail, à des conditions équitables et satisfaisantes de travail et à la protection contre le chômage.
2. Tous ont droit, sans aucune discrimination, à un salaire égal pour un travail égal.
3. Quiconque travaille a droit à une rémunération équitable et satisfaisante lui assurant ainsi qu'à sa famille une existence conforme à la dignité humaine et complétée, s'il y a lieu, par tous autres moyens de protection sociale.
4. Toute personne a le droit de fonder avec d'autres des syndicats et de s'affilier à des syndicats pour la défense de ses intérêts.

24

Toute personne a droit au repos et aux loisirs et notamment à une limitation raisonnable de la durée du travail et à des congés payés périodiques.

1 + 2
= 3

ARTICLE 25

1. Toute personne a droit à un niveau de vie suffisant pour assurer sa santé, son bien-être et ceux de sa famille, notamment pour l'alimentation, l'habillement, le logement, les soins médicaux ainsi que pour les services sociaux nécessaires ; elle a droit à la sécurité en cas de chômage, de maladie, d'invalidité, de veuvage, de vieillesse ou dans les autres cas de perte de ses moyens de subsistance par suite de circonstances indépendantes de sa volonté.
2. La maternité et l'enfance ont droit à une aide et à une assistance spéciales. Tous les enfants, qu'ils soient nés dans le mariage ou hors mariage, jouissent de la même protection sociale.

ARTICLE 26

1. Toute personne a droit à l'éducation. L'éducation doit être gratuite, au moins en ce qui concerne l'enseignement élémentaire et fondamental. L'enseignement élémentaire est obligatoire. L'enseignement technique et professionnel doit être généralisé ; l'accès aux études supérieures doit être ouvert en pleine égalité à tous en fonction de leur mérite.
2. L'éducation doit viser au plein épanouissement de la personnalité humaine et au renforcement du respect des droits de l'homme et des libertés fondamentales. Elle doit favoriser la compréhension, la tolérance et l'amitié entre toutes les nations et tous les groupes raciaux ou religieux, ainsi que le développement des activités des Nations Unies pour le maintien de la paix.
3. Les parents ont, par priorité, le droit de choisir le genre d'éducation à donner à leurs enfants.

ROSA ROSA ROSAM
FAUNE
FLORE

ARTICLE

27

1. Toute personne a le droit de prendre part librement à la vie culturelle de la communauté, de jouir des arts et de participer au progrès scientifique et aux bienfaits qui en résultent.
2. Chacun a droit à la protection des intérêts moraux et matériels découlant de toute production scientifique, littéraire ou artistique dont il est l'auteur.

28

Toute personne a droit à ce que règne, sur le plan social et sur le plan international, un ordre tel que les droits et libertés énoncés dans la présente Déclaration puissent y trouver plein effet.

A + 860 × ℓ726 + √232 ÷ AX − 160 × (277X)² + A

ARTICLE

29

1. L'individu a des devoirs envers la communauté dans laquelle seul le libre et plein développement de sa personnalité est possible.

2. Dans l'exercice de ses droits et dans la jouissance de ses libertés, chacun n'est soumis qu'aux limitations établies par la loi exclusivement en vue d'assurer la reconnaissance et le respect des droits et libertés d'autrui et afin de satisfaire aux justes exigences de la morale, de l'ordre public et du bien-être général dans une société démocratique.

3. Ces droits et libertés ne pourront, en aucun cas, s'exercer contrairement aux buts et aux principes des Nations Unies.

30

Aucune disposition de la présente Déclaration ne peut être interprétée comme impliquant, pour un État, un groupement ou un individu, un droit quelconque de se livrer à une activité ou d'accomplir un acte visant à la destruction des droits et libertés qui y sont énoncés.